MW00724029

¿Eres cristiano? ¿Sí o no?

LUIS PALAU

∼

Presentación

Presentado a:
Congregación Hispana
Por: Christian Fellowship Church
21673 Beaumeade Circle
En: Ashburn, VA 20147
(703) 729-3900

∼

Publicado por
Editorial **Unilit**
Miami, Fl. 33172
Derechos reservados

Edición especial 1999

© 1986 por Luis Palau
Todos los derechos reservados. Este libro o porciones
no puede ser reproducido sin el permiso escrito de su autor.

Editora: Leticia Calçada

Citas bíblicas tomadas de La Biblia al Día
© 1979 Living Bibles Int.
Usada con permiso.

Producto 498003
Impreso en Colombia
Printed in Colombia

¿Eres Cristiano?
¿Sí o No?

Introducción

¿Sabías que una de cada cinco personas dice ser cristiana?

Si detuviéramos a una persona por la calle de cualquier ciudad latinoamericana, y le preguntáramos: **"¿Es usted cristiano?"**, unas de las respuestas más comunes sería: "Y qué cree, que soy un perro?". Para mucha gente, ser cristiano es sinónimo de ser humano. Sin embargo, la Biblia enseña claramente que esa no es la verdad.

Pero si preguntáramos: **"¿Qué es un cristiano verdadero?"**, encontraríamos que cada uno daría una respuesta distinta.

Estoy convencido de que, tal como sucedió en mi caso, hay una gran confusión con respecto a este tema. Aunque crecí en un hogar donde nuestros padres nos llevaban a la iglesia, conocía muchas canciones cristianas, y sabía historias bíblicas, durante años yo no fui cristiano.

Si me lo pedían, podía citar versículos de la

Biblia; hasta era capaz de orar. Pero en realidad era sólo religiosidad vacía. La situación continuó hasta que alguien me ayudó a resolver la cuestión de si yo era un cristiano verdadero.

Dios desea que cada uno de nosotros sea consciente de su situación con El. Por esa razón no creo que haya sido casualidad que leas este librito, o que lo hayas recibido de un amigo a quien le pareció útil.

Pregúntate: "¿Soy un cristiano? ¿Sí o No?". En unos minutos lo sabrás con seguridad.

Luis Palau

¿Qué es un cristiano verdadero?

Quizás hayas sido criado en un hogar religioso, católico tal vez, o protestante. Quizás te digas: "Soy una buena persona. No se preocupe por mí." No importa tu educación ni la crianza que hayas tenido. Te aconsejo que pienses seriamente en este asunto. Tómate tiempo para meditar sobre el error de los mitos acerca del cristianismo.

Mito Nº 1
Uno es cristiano porque nació en un ambiente cristiano

Conozco a personas que han dicho: "Nací en un país cristiano, así que soy cristiano. ¿Qué otra cosa podría ser?" En realidad podría ser muchas cosas.

Otros dicen: "He sido cristiano toda mi vida. Nací en un hogar cristiano." Pero ¿desde cuándo el lugar en que naces determina lo que eres? No porque alguien nazca en un establo será un caballo. Y si alguno nace en un aeropuerto, no por eso será un avión.

Es importante estar agradecido por el lugar en que uno nace, y por la familia que uno tiene, pero hay que tener en cuenta que aunque tus padres sean cristianos, Dios no tiene nietos sino hijos.

Mito Nº 2
Uno es cristiano porque
piensa positivamente

Hay quienes creen que si estrechas la mano con sinceridad, das una palmada en la espalda, sonríes y preguntas: "¿Qué tal? ¿Cómo te va? ¿Cómo andan las cosas?", eso es señal de que eres cristiano.

Por regla general, un cristiano es alegre y goza de la vida, y además se preocupa por el prójimo. Un cristiano también comprende que su vida tiene valor a los ojos de Dios porque El nos creó y nos ama con amor eterno.

Sin embargo, puedes tener un sentido de autoestima independientemente de conocer que la Palabra de Dios, la Biblia, nos enseña a pensar "en positivo" en medio de un mundo convulsionado. Por lo tanto, el pensar positivamente acerca de la vida en general y de tu vida en particular, no te hace cristiano en forma automática.

Mito Nº 3
Uno es cristiano porque es bueno

El ser bueno, y vivir una vida moral y limpia, no te hace cristiano. Hay muchos ateos cuyas vidas son decentes y rectas. Por otro lado, ¿qué es ser bueno en realidad? Ese es el problema. La mayoría de la gente tiene una idea distorsionada de lo que es una persona buena.

Por ejemplo, comparados con un terrorista, posiblemente seamos santos. Si entramos en comparaciones, podríamos llegar a ser mucho mejor que familiares y amigos. Pero la medida de Dios es diferente. El te compara con su hijo Jesús, quien fue absolutamente perfecto. Ante ese nivel de perfección, nuestra propia rectitud se reduce a nada.

Hay una excelente ilustración a propósito de este tema: Una mujer lavó la ropa y la tendió. En ese día soleado parecía blanquísima. Luego vino una rápida nevada que reveló la verdad. Comparada con la blancura de la nieve, la blancura de la ropa parecía gris. Del mismo modo, cuando comparamos nuestra bondad con la bondad divina, la nuestra queda eclipsada por completo.

Recuerda que siempre ha habido mucha gente buena en el mundo. Si eso fuera suficiente. Dios no hubiera necesitado enviar a Jesucristo. El hecho de que el Señor Jesús tuviera que venir a morir en la cruz para hacer posible el perdón divino, muestra que el ser bueno no significa que uno sea cristiano.

Hace tiempo recibí una llamada telefónica en que un ateo me decía: "Palau, usted dice que Cristo nos hace cristianos. Pues vea, mi esposa y yo nos llevamos muy bien. Vivimos una vida limpia y recta, pero ninguno de los dos creemos en Dios ni en Jesucristo." Yo le contesté: "Quizás ustedes vivan una vida limpia, lo creo, pero el simple hecho de ser bueno no los convierte en cristianos."

Es verdad que muchas personas viven vidas limpias, pero éso no los convierte automáticamente en cristianos.

Mito Nº 4
Uno es cristiano porque va a la Iglesia

Hay muchos que van a la iglesia—y por diversas razones—pero no por eso son necesariamente cristianos. A veces hasta los ladrones son religiosos. Recuerdo el caso de un malhechor que, en el momento de ser muerto en un enfrentamiento con la policía, llevaba una serie de estampas y medallas religiosas.

Otros asisten a la iglesia porque es un hábito social, o porque sienten la presión de la familia.

Es cierto que muchas personas van a la iglesia y son activas en ella, pero ese hecho no les hace cristianos.

Mito Nº 5
Uno es cristiano porque hace obras de caridad

Muchos padres enseñan a sus hijos a dar dinero a obras de caridad. Hay quienes sienten el deber moral de ayudar a los necesitados. ¿Das dinero para obras de beneficencia? Es bueno, y loable, pero ese hecho no te hace cristiano. Hay muchas personas que dan dinero y hacen caridad, pero no tienen ningún interés en que se los llame seguidores de Cristo.

Es cierto que el cristiano debe ayudar al prójimo, al hambriento y al que tiene necesidad. Pero puedes dar todo lo que posees, y sin embargo no ser cristiano.

Mito Nº 6
Uno es cristiano
porque recibe los sacramentos

Quizás recibiste el bautismo cuando niño, pero no por ello eres cristiano. El bautismo es el testimonio de una conciencia limpia; es obediencia al Señor Jesucristo, pero no es el medio para convertirse en cristiano. En una prisión podemos encontrar cientos de individuos que han sido bautizados, pero son criminales, ladrones y violadores.

O quizás vas a misa y recibes la comunión todos los domingos. Si eres cristiano, eso está muy bien, pero no es el medio para llegar a Cristo.

Recuerdo que cierta vez vino una persona y me confesó: "Señor Palau, estoy confundido. Siempre voy a la iglesia y recibo la comunión, pero no sé qué es ser cristiano."

Tanto el bautismo como la comunión son bíblicos. Dios manda a los cristianos que guarden estas ordenanzas, sin embargo el cumplirlas no nos convierte en cristianos.

Mito Nº 7
Uno es cristiano porque cree en Dios

Hay miles de personas que, teóricamente, creen en Dios, y sin embargo no son cristianas. Sé de un joven que preguntó a otro:
—¿Crees en Dios?
—Claro que sí—fue la respuesta.

—¿Qué es Dios para tí?—preguntó el primer joven otra vez.

—Bueno, no sé.

En nuestro mundo occidental se considera respetable que creamos en Dios, pero muchos que se dicen "creyentes", ni siquiera saben quién es Dios. El Coronel Irwin, recordado por su misión lunar Apolo XV, me comentó que mientras estaba visitando un país musulmán, uno de los líderes religiosos le dijo: "Coronel, usted habla mucho de Dios, ¿Por qué no es musulmán, entonces?" En consecuencia, si podemos ser musulmanes y creer en Dios, no es el hecho de creer en Dios que nos hace cristianos.

Tengo un amigo que cree en la gimnasia diaria, pero nunca la practica (a pesar de que está excedido de peso y totalmente fuera de línea).

Conozco a un sinnúmero de niños que cree en el jabón, sin embargo no quieren lavarse.

El simple hecho de creer no hace diferencia. Por lo tanto, creer en Dios no te hace cristriano.

Mito Nº 8
Uno es cristiano porque habla de Jesucristo

Son muchos los que hablan de Jesucristo, y hasta dicen cosas muy lindas de El, pero quizás ni siquiera creen lo que la Biblia dice acerca de Cristo. Tal vez hablen de un Jesús que se conforma a su manera de pensar, en vez de hablar del Jesús histórico y bíblico.

Yo mismo hablo mucho de Cristo ya que soy predicador del Evangelio, pero éso no me hizo cristiano.

Mito N° 9
Uno es cristiano porque ora

Por supuesto que los cristianos oran, pero el simple hecho de orar no significa que seas cristiano.

Los hindúes oran muy frecuentemente. Los musulmanes lo hacen cinco veces al día. El mismo presidente Sadat de Egipto solía llevar consigo una pequeña alfombra para arrodillarse y orar a Alá varias veces al día, incluso cuando iba al extranjero en sus misiones políticas.

Recuerdo haber leído en un peródico acerca de un ladrón en la Costa Azul francesa, quien antes de ir a robar cuadros valiosísimos de suntuosas mansiones, hacía una oración a la virgen... ¡No! El orar no te hace cristiano.

Mito N° 10
Uno es cristiano porque lee la Biblia

Por cierto que los cristianos leen la Biblia. Algunos la leemos diariamente. Pero el hecho de hacerlo no significa que eres cristiano.

Cuando Marx tenía 17 años de edad, escribió un

fantástico comentario de parte del Evangelio de San Juan. Grandes teólogos concuerdan con mucho de lo que dijo Marx en este aspecto. Pero con el tiempo Marx rechazó la autoridad de la Biblia, y cuando fue adulto se llamó a sí mismo ateo y comunista, pero jamás cristiano.

Nikita Kruschev, uno de los líderes rusos de tiempo atrás, leía la Biblia cuando adolescente. A pesar de ello, su objetivo fue terminar con la iglesia cristiana en la Unión Soviética en 1965. La ironía es que Kruschev murió y la iglesia rusa continúa creciendo.

Lee la Biblia tanto como te sea posible. Ya que no es palabra de hombres sino de Dios, podemos poner en ella toda nuesta confianza. Pero recuerda, el leer la Biblia no te hará cristiano.

¿Cómo podemos ser cristianos?

Al llegar a este punto, seguramente quieras preguntarme: "Luis, si uno no nace cristiano; si ni el vivir una vida limpia, ni el ir a la iglesia, ni el hacer buenas obras, ni el tomar los sacramentos, ni el creer en Dios, ni el hablar de Jesucristo, orar o leer la Biblia nos hace cristianos, entonces ¿qué es lo que nos hace cristianos? ¿Qué es un cristiano verdadero?"

Quisiera mencionar tres principios básicos de la Palabra de Dios que describen a un cristiano verdadero.

En primer lugar, la Biblia dice que **UN CRIS-
TIANO CAMINA EN EL CAMINO DE VIDA,** en
contraste con el camino de muerte. Ese camino es
Jesucristo, el Hijo de Dios.
Jesucristo dijo: *"Yo soy el Camino, la Verdad y la
Vida. Nadie podrá ir al Padre si no va a través
de mí"[1].* Nota que Jesús no dice que mostrará el
camino, sino que declara *"Yo soy el Camino".*

Jesús también habló de un camino ancho y uno
angosto. *"Al cielo sólo se puede entrar por la puerta
estrecha. Ancha es la puerta y espacioso el camino
que conducen al infierno; por eso millones de personas los prefieren"[2].*

¿Te encuentras sin saber adónde vas? ¿No sabes
qué te sucede? ¿Las cosas no andan muy bien? ¿Te
acosan conflictos por todas partes? ¿Estás perdido?
¿No puedes encontrar la salida? Cuando te conviertes
en cristiano, encuentras el camino de vida.

Me preguntas: `` ¿Qué clase de camino es este
camino de vida?''

Es el CAMINO DE PAZ. Cuando caminas con
Cristo, hay paz en tu corazón. Jesucristo dijo a sus
discípulos: *"Les voy a dejar un regalo: paz en el
alma. La paz que doy no es frágil como la paz que
el mundo ofrece."[3].* La paz es un regalo de Dios
que cada uno de nosotros puede tener.

Cuando caminas en el camino de Cristo, hay paz,
una gran paz en tu corazón. Si tu vida se había roto
en pedazos, todo se vuelve a unir. El psiquiatra
puede analizarte; el psicólogo puede señalar algunos
problemas del pasado; pero sólo Dios puede ofrecer
una paz que perdura.

El camino de vida es también el CAMINO DE

PUREZA. La Biblia declara: *"¡Dichosos los de limpio corazón, porque verán a Dios!"*[4].

Si estás jugando con el pecado, con la inmoralidad; si tus negocios no son limpios; si eres deshonesto en tus estudios, en tu trabajo, en tus ratos libres, en tu familia, resulta difícil creer que seas un cristiano verdadero. Quizás seas una persona muy agradable y todos disfruten de tu compañía, pero no eres cristiano porque el camino de Cristo es un camino de pureza.

Cuando Cristo llega a tu vida, perdona tus pecados y purifica tu corazón, aunque no por ello te conviertes en un santo de la noche a la mañana. Al contrario. Eres más consciente que nunca de tus debilidades, pero Dios te da el poder para vivir una vida limpia.

El camino de vida en Cristo es también el CAMINO DE AMOR. Leemos en la Biblia: *"La intensidad del amor que se tengan, será una prueba ante el mundo de que son mis discípulos"*[5]. Y la Palabra de Dios también afirma: *"Si amamos a los demás hermanos, hemos sido librados del infierno y hemos obtenido la vida eterna"*[6].

Hoy en día la palabra AMOR está muy distorsionada. Se usa para describir el sentimiento de una persona que explota las emociones de otra para su satisfacción egoísta. Eso no es AMOR. El verdadero amor implica que deseamos lo mejor para el otro, no importa cuánto nos cueste.

Además el camino de vida es el CAMINO DE OBEDIENCIA. El camino del cristiano es servir a un solo Señor. La Biblia se refiere a Jesucristo como Señor de señores y Rey de reyes. El cristiano vive teniendo en cuenta esta verdad. Jesucristo se convierte en Rey y Señor.

El siervo de un rey espera a la mínima señal de una orden y se apresura a obedecer. Un soldado que sigue a su líder, un gran comandante en jefe, siempre está pronto a obedecer.

De la misma manera, un cristiano verdadero también acepta de Dios este tipo de autoridad. Iremos adonde El quiera que vayamos; haremos lo que El quiera que hagamos. Y no nos importará lo que cueste en cuanto a comodidad, reputación o sacrificio.

Jesús tiene todo el derecho a esa autoridad. Recordemos que El no es supremo porque haya heredado autoridad de sus antecesores—como sucede con un rey o un señor. No gobierna porque su poder amenaza destruirnos—como sucede con un dictador militar. Jesucristo es Rey y Señor porque nos creó, dio su vida en nuestro favor, y quiere lo mejor para nosotros.

En segundo lugar, **UN CRISTIANO TIENE VIDA ETERNA.** La vida eterna es muy distinta a la física. Es tener ahora una vida más llena y completa.

Jesús dijo: *"Mi propósito es dar vida eterna y abundante"*[7].

La vida con Cristo es la vida vivida de la manera que Dios desea, desde este mismo instante. El te creó para que vivas de este modo. Y por ello esta vida es abundante.

Es maravilloso tener vida eterna porque uno está en contacto con Dios y ya nunca está solo. Además la vida eterna nunca acaba, va más allá de la muerte física, y es para siempre.

¿Tienes vida eterna? Me dices: "Bueno, no estoy seguro."

Esa contestación es tan absurda como si preguntáramos a una mujer si está embarazada, y la respuesta fuera: "Un poco." O bien la mujer está embarazada o no lo está; no hay términos medios. La respuesta es tan ridícula como si alguien me preguntara si soy casado, y yo contestara: "Creo que sí. Tengo esposa, pero no estoy completamente seguro de estar casado." Estas son cosas de las que uno puede estar seguro en un ciento por ciento. De la misma manera, es posible tener la certeza de que uno es cristiano y tiene vida eterna.

¿Sabes que tienes vida eterna? Si ya eres cristiano, entonces lo sabes. Jesús prometió a quienes lo seguían: *"Yo les doy vida eterna y jamás perecerán. Nadie podrá arrebatármelas"* [8].
Es una triple promesa:

1) Yo les doy vida eterna
2) Jamás perecerán.
3) Nadie podrá arrebatármelas.

¿Qué más puedes pedir? Un cristiano es quien descubre que estas tres promesas son una realidad en su vida.

La Biblia afirma: *"Así que el que tiene al Hijo de Dios tiene la vida"* [9]. En otras palabras, Cristo viene a vivir en ti. La vida eterna es tener a Cristo en el corazón. Es mi deseo que puedas decir: "Sí, yo tengo vida eterna. Puedo recordar el momento en que Cristo vino a mi corazón"

Además, **CRISTIANO ES QUIEN HA NACI-DO EN LA FAMILIA DE DIOS**, y por lo tanto se ha convertido en hijo de Dios. Quizás me digas: "Pero yo pensé que todos somos hijos de Dios. ¿Acaso El no es el Padre de toda la humanidad?

De acuerdo a la Biblia, Dios es el **Creador** de todos los hombres, pero sin embargo no es **Padre** de todos. Hay muchas personas que ni siquiera quieren que El sea su padre.

Te conviertes en miembro de la familia de Dios cuando naces en ella. El Señor Jesucristo dijo: *"Con toda sinceridad te lo digo... que si no naces de nuevo no podrás entrar al reino de Dios"¹⁰* ¿Qué quiere decir?

Hay dos nacimientos. El primero es el nacimiento físico, del vientre de nuestra madre. Pero para ser hijo de un padre espiritual, debes tener un nacimiento espiritual. Esto sucede cuando nos arrepentimos de nuestros pecados y ponemos nuestra fe en el Señor Jesucristo.

Todos los años celebramos nuestro nacimiento físico con una fiesta de cumpleaños y regalos. Pero ¿recuerdas haber tenido un segundo nacimiento? Si la respuesta es "no", debes hacer una decisión. ¿Quieres ser parte de la familia de Dios recibiendo a Cristo en tu corazón?... La Biblia dice: *"Pero a todos los que lo recibieron, a los que creen en su nombre, les concedió el poder de convertirse en hijos de Dios"¹¹*.

Quizás digas: "Pero Luis, he vivido en pecado toda mi vida. ¿Cómo puedo llegar a ser un hijo de Dios entonces?"

Hace años tuve una entrevista con el presidente de un país sudamericano, un militar. "Señor Presidente'', le dije, ''¿ha tenido usted un encuentro personal con Jesucristo?

El presidente sonrió y respondió: ''Palau, he vivido de una manera tan vergonzosa que no creo que Dios quiera tener un encuentro conmigo.''

''Señor Presidente, no importa su vida pasada. Cristo murió en la cruz por usted y le ama. Si usted lo desea, puede tener un encuentro personal con El ahora mismo.''

Continuamos hablando y le expliqué lo que Cristo había hecho en la cruz, cómo murió y recibió el castigo por nuestros pecados. Finalmente le dije: ''Señor, ¿le gustaría abrir su corazón a Cristo ahora mismo?''

El Presidente hizo silencio por un momento, y me dijo con serenidad: ''Si Cristo está dispuesto a aceptarme tal como soy, quisiera ser un cristiano verdadero.''

En ese momento inclinamos la cabeza en reverencia y oramos juntos a Dios. Este general abrió su corazón al Hijo de Dios y recibió a Cristo en su vida.

El pensaba que, por causa de su pasado, Dios nunca lo aceptaría como hijo. Pero cuando acabamos de orar, se levantó, me dio un cálido abrazo y dijo: ''Gracias. Ahora sé que en verdad Cristo me ha recibido y perdonado.''

Como puedes ser un cristiano verdadero ahora mismo

¿Has tenido esta experiencia con Cristo? ¿Quisieras tener la certeza de que tienes vida eterna? ¿Quieres comenzar a caminar con el Señor Jesús, sabiendo que eres hijo de Dios y que irás al cielo? Déjame explicarte cómo puedes convertirte en un cristiano verdadero en este mismo momento, mientras terminas de leer este librito.

Primero, la Biblia enseña que **debes admitir que tus pecados te han separado de Dios.** Esto es lo que me agradó de aquel presidente latinoamericano: reconoció que era pecador. En realidad, estaba convencido del pecado y la rebelión en su vida, que sentía que Dios jamás lo recibiría.

¿Alguna vez has confesado a Dios tus pecados de egoísmo, orgullo, codicia, inmoralidad, y tantas otras cosas malas que hay en tu vida? El pecado trae gran dolor al corazón de Dios. ¿Has admitido que has estado caminando en el camino de muerte? Recuerda que *"la paga del pecado es muerte"*[12].

La Biblia también afirma: *"Sí, todos hemos pecado: ninguno de nosotros alcanza el glorioso ideal divino"*[13]. Esto nos incluye. Es hora de ir a Dios y recibir el perdón que quiere dar.

En segundo lugar, **debes creer en lo que Cristo hizo por ti en la cruz.** La Biblia dice: *"Cristo murió por nuestros pecados"*[14]. Jesucristo murió en la cruz para que cada uno de nosotros pudiera ser perdonado. Ante los ojos de Dios, todos merecemos el castigo por nuestro mal proceder. Pero Dios envió a su Hijo para que sufriera sobre sí nuestro castigo. Dice el apóstol: *"Mientras moría en la cruz, sobre su propio cuerpo llevaba nuestros pecados: es por eso que podemos morir al pecado y llevar una vida pura. ¡Sus heridas sanaron las nuestras!"*[15].

Es como un juez que halla culpable al reo, y luego se sienta en el banquillo de los acusados para recibir él mismo la sentencia. ¡Qué gran amor!

Quizás no entiendas enteramente cómo es posible que Dios purgue tu pecado en su propio Hijo. Pero no necesitas entenderlo todo de una vez. Sólo necesitas creer que es verdad.

Se dice que nadie entiende totalmente la electricidad. Los científicos hablan de ella como de una propiedad fundamental de la materia. Pueden crear cargas eléctricas y generar electricidad. Pero como un científico de la Universidad de Stanford me dijo una vez: "La electricidad en esencia es realmente inexplicable."

Cuando te conviertes en un cristiano verdadero, probablemente no entiendas todo al comienzo. Sin embargo tu entendimiento aumentará a medida que leas la Biblia y permitas que Dios te enseñe.

Por último, **debes recibir a Cristo en tu vida**, debes confesarlo como tu Señor. La fe no se puede heredar. Debes experimentar por ti mismo la presencia de Cristo en tu vida. Todos los cristianos hemos tenido que hacerlo. ¿Has venido a Cristo ya? ¿Has hecho tu decisión?

Preguntas: "¿Cómo?" La Biblia dice: *"Y si declaras con tus propios labios que Jesucristo es tu Señor, y crees de corazón que Dios lo levantó de entre los muertos, te salvarás"[16].*

La mejor manera que yo conozco—y la más simple—para hacer a Jesús Señor de tu vida, es inclinar tu cabeza en oración, confesar tus pecados a Dios, abrir tu corazón a Cristo por la fe, creer en él, y recibirle.

Dile a Dios:
Padre Celestial, quiero ser un cristiano verdadero. Me doy cuenta de que mis pecados
me han separado de ti. Por favor, perdóna-
me. Creo en lo que Cristo hizo por mí en la
cruz. No lo entiendo bien, pero lo acepto por
fe. Quiero que Cristo viva en mi corazón.
Quiero tener vida eterna. Quiero ser un hijo tuyo. Señor, ven a mi vida y hazme un hijo tuyo ahora mismo. Yo te voy a seguir y
te voy a obedecer como la Biblia manda.
Amén.

Mi decisión más importante

¿Recuerdas el momento en que hiciste la decisión
de recibir al Señor Jesús como tu Salvador? Quizás
fue sólo hace unos momentos. O tal vez aún no te
hayas decidido. Quisiera contarte cómo hice esa
decisión crucial durante un campamento de verano
en Argentina.

Uno de los maestros de mi escuela organizó un
retiro de dos semanas. Cada noche el señor
Chandler, el consejero a cargo de mi carpa, desper-
taba a uno de los muchachos, lo sacaba de la cama,
y—con la Biblia en una mano y una linterna en la
otra—llevaba al muchacho afuera. Allí, bajo las
estrellas, se sentaba con él y lo guiaba a Cristo.

Aunque yo era consciente de mis pecados, y sabía
que necesitaba recibir a Cristo, no quería hablar del
asunto con nadie. Pero finalmente el señor Chandler
habló con todos mis compañeros. Cuando vino a
nuestra carpa la última noche del campamento, yo
sabía que venía a buscarme.

Me hice el dormido, pensando que así podría evitar la situación. No hubo caso. "Palau, vamos, despierta," me dijo. Yo no lo sabía, pero esa iba a ser la mejor noche del campamento.

Salimos y nos sentamos en el tronco de un árbol caído. "Luis," dijo el señor Chandler, "¿eres cristiano o no?"

"No," contesté, "creo que no."

"Bueno, no es cuestión de si crees que sí o que no. ¿Eres cristiano o no?"

"No, no soy cristiano."

"Si murieras esta noche, ¿irías al cielo o al infierno?"

Pensé un momento antes de responder, un poco sorprendido, y contesté: "Iría al infierno."

"¿Y quieres ir al infierno?"

"No, claro que no."

"¿Entonces por qué no haces algo?"

Encongí los hombros y repliqué: "No lo sé."

El señor Chandler abrió la Biblia en Romanos y leyó: "Y si declaras con tus propios labios, Luis, que Jesucristo es tu Señor, y crees en tu corazón, Luis, que Dios lo levantó de entre los muertos, tú, Luis, te salvarás. Porque cuando un individuo cree de corazón, Dios lo da por justo; y cuando confiesa ante los demás que tiene fe, asegura la salvación, pues las Escrituras afirman que los que creen en Cristo jamás se sentirán defraudados,"

El señor Chandler me miró a los ojos. "Luis, ¿crees en tu corazón que Dios resucitó a Jesús de entre los muertos?"

Sí, lo creo", contesté.

"Entonces, ¿qué otra cosa tienes que hacer para ser salvo?"

Yo dudé, así que el señor Chandler me hizo leer en Romanos 10:9 una vez más. *"Y si declaras con tus propios labios que Jesucristo es tu Señor... te salvarás"*[17].

El señor Chandler puso su brazo alrededor de mí y me ayudó a orar. En ese momento abrí mi corazón a Cristo. Había empezado a llover, así que fue a las apuradas, pero hice mi decisión.

Cuando terminamos de orar, yo lloraba. Le di un fuerte abrazo a mi consejero, y volvimos rápidamente a la carpa. Busqué mi linterna, mi Biblia, y escribí en ella: "El 12 de febrero de 1947 recibí a Jesucristo como mi Salvador."

Estaba tan contento por haber entregado mi vida a Cristo, que apenas pude dormir. Sabía que tenía la salvación. Era un miembro de la familia de Dios. Tenía vida eterna porque Cristo dijo: *"Yo les doy vida eterna y jamás perecerán. Nadie podrá arrebatármelas"*[18].

Una vez que eres un cristiano verdadero

¿Has decidido recibir al Señor Jesús como tu Salvador? Si lo has hecho, has hecho la decisión más importante de tu vida.

Ahora eres parte de la familia de Dios, y por supuesto querrás conocerlo más y mejor. La mejor manera es leer su Palabra. Te recomiendo que comiences con el Evangelio de Lucas en el Nuevo Testamento. Recuerda que la Biblia es la manera que Dios usa para hablarnos. En consecuencia, cuando estés leyendo, trata de encontrar ejemplos que seguir o instrucciones que obedecer.

Lee la Biblia. Satúrate de ella. Tus pensamientos y emociones comenzarán a cambiar al tiempo que leas diariamente la Palabra de Dios.

En segundo lugar, reúnete con otros cristianos. Trata de encontrar una iglesia donde la Biblia sea el centro, donde se adore a Cristo y donde se enseñe qué es un cristiano verdadero. Una vez en la iglesia, dile al pastor: "He recibido a Cristo," y espera a ver qué pasa. Si el pastor no parece interesado en ayudarte a crecer espiritualmente, busca otra iglesia que pueda ayudarte en este aspecto.

En tercer lugar, comienza a orar. Has hablado con el Señor en tu oración, y El te contestó. El te ama. Es tu Padre. La comunicación es la clave de cualquier relación, así que tu relación con Dios sólo puede crecer si le hablas en oración.

Finalmente, me gustaría saber acerca de tu decisión de entregar tu vida a Cristo. Quisiera enviarte literatura que te ayude, y también desearía responder a las preguntas que tengas.

Escríbeme hoy mismo. ¡Estaré esperando tu carta!

Luis Palau
Apartado 9292
México, D.F., México

Apartado 15
Guatemala, Guatemala

Casilla de Correo 4949
1000 Buenos Aires, Argentina

Citas bíblicas tomadas de ''La Biblia al Día''

1-Juan 14:6
2-Mateo 7:13
3-Juan 14:27
4-Mateo 5:8
5-Juan 13:35
6-1ra. Juan 3:14
7-Juan 10:10
8-Juan 10:28
9-1ra. Juan 5:12

10-Juan 3:3
11-Juan 1:12
12-Romanos 6:23
13-Romanos 3:23
14-1ra. Corintios 15:3
15-1ra. Pedro 2:24
16-Romanos 10:9-10
17-Romanos 10:9
18-Juan 10:28

MI DECISION

Reconociendo que soy pecador, recibo a Jesús como mi Salvador personal, y confiaré en El, descansaré en El y le seguiré a El como mi Señor, en obediencia a la Biblia.

Nombre _____

_____ Edad _____
(si es posible escriba con letra de imprenta)

Calle y Número _____

_____ Dpto. _____

Ciudad _____

Provincia _____

País _____ Fecha _____

CORTE ESTE CUPON Y ENVIESELO A:

Luis Palau
Casilla de Correo 4949
(1000) Buenos Aires, Argentina

Apartado 9292
México, D.F., México

Apartado 15
Guatemala, Guatemala, C.A.

Queremos enviarle consejos prácticos para su nueva vida espiritual.

Reunión final en el Estadio Alianza Lima, Perú, durante una campaña de 10 días con el evangelista internacional Luis Palau, en donde 21,817 personas decidieron manifestar publicamente que consagraban sus vidas a Jesucristo.

La mayor promesa de Dios para el hombre

La salvación

Dios tiene en su Palabra "preciosas y grandísimas promesas", pero los pasajes bíblicos que hablan de la salvación constituyen una gigantesca promesa, y para obtenerla no hay que pagar nada... es gratuita.

Dios tiene un plan sencillo para recibir esta maravillosa y gigante promesa.

No. 1 Arrepiéntase y póngase a cuentas con Dios.
"Venid luego, dice Jehová, y estemos a cuenta: si vuestros pecados fueren como la grana, como la nieve serán emblanquecidos; si fueren rojos como el carmesí, vendrán a ser como blanca lana".
Isaías 1:18

El pecado separa al hombre de Dios (Romanos 3:23).
Pero Dios promete "vida eterna en Cristo Jesús" (Romanos 6:23).
Arrepentirse es cambiar de dirección y tomar por el verdadero camino, que es Cristo. **Dios promete:** "Así que arrepentíos y convertíos, para que sean borrados vuestros pecados, para que vengan de la presencia del Señor tiempos de refrigerio".
Hechos 3:19

Arrepentirse es pedir perdón y confesar el nombre de Jesús.
"Si se humillare mi pueblo, sobre el cual mi nombre es invocado y oraren, y buscaren mi rostro, y se convirtieren de sus malos caminos entonces yo oiré desde los cielos y perdonaré sus pecados y sanaré su tierra".
2 Crónicas 7:14

"Que si confesares con tu boca que Jesús es el Señor, y creyeres en tu corazón que Dios le levantó de los muertos, serás salvo".
Romanos 10:9

No. 2 Crea que Jesucristo es el único que puede salvarle de la condenación eterna.
"El que cree en el Hijo tiene vida eterna, pero el que rehúsa creer en el Hijo no verá la vida, sino que la ira de Dios está sobre él".
Juan 3:36

"De cierto, de cierto os digo: El que oye mi palabra y cree al que me envió, tiene vida eterna; y no vendrá a condenación, mas ha pasado de muerte a vida".   Juan 5:24

Le dijo Jesús: Yo soy la resurrección y la vida; el que cree en mí, aunque esté muerto vivirá. Y todo aquel que vive y cree en mí, no morirá eternamente. ¿Crees esto?   Juan 11:25-26

No. 3 Reciba a Cristo e invítele a su vida.

"He aquí, yo estoy a la puerta y llamo; si alguno oye mi voz y abre la puerta, entraré a él, y cenaré con él, y él conmigo".
                                                        Apocalipsis 3:20

"Mas a todos los que le recibieron, a los que creen en su nombre, les dio potestad de ser hechos hijos de Dios".
                                                             Juan 1:12

"Porque todo aquel que invocare el nombre del Señor, será salvo".   Romanos 10:13

"El Espíritu mismo da testimonio a nuestro espíritu, de que somos hijos de Dios".   Romanos 8:16

"Y este es el testimonio: que Dios nos ha dado vida eterna; y esta vida está en su Hijo. El que tiene al Hijo, tiene la vida; el que no tiene al Hijo de Dios no tiene la vida".   1 Juan 5:11-12

No. 4 Disfrute de una vida cristiana, abundante en promesas y riquezas en Cristo Jesús.

"Pero Dios, que es rico en misericordia, por su gran amor con que nos amó, aun estando nosotros muertos en pecados, nos dio vida juntamente con Cristo (por gracia sois salvos)".
                                                          Efesios 2:4-5

"Porque ya conocéis la gracia de nuestro Señor Jesucristo, que por amor a vosotros se hizo pobre, siendo rico, para que vosotros con su pobreza fueseis enriquecidos".   2 Corintios 8:9

"Todo lo puedo en Cristo que me fortalece. Mi Dios pues, suplirá todo lo que os falta conforme a sus riquezas en gloria en Cristo Jesús".   Filipenses 4:13,19

"De modo que si alguno está en Cristo, nueva criatura es; las cosas viejas pasaron; he aquí todas son hechas nuevas".
                                                        2 Corintios 5:17

"Y poderoso es Dios para hacer que abunde en vosotros toda gracia, a fin de que teniendo siempre en todas las cosas todo lo suficiente, abundéis para toda buena obra".   2 Corintios 9:8

Tres claves de cómo leer la Biblia diariamente

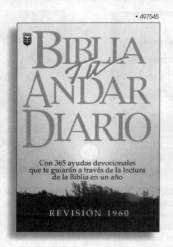

 RESUMEN provee una noción anticipada de tu lectura bíblica diaria. Una gráfica apropiada, también resume las ideas principales de las Escrituras que corresponden a la sección.

 TU ANDAR DIARIO te estimula a pensar cuidadosamente sobre una idea de la lectura del día y te ofrece maneras específicas de poner en acción en tu vida las verdades que tú lees.

 PERCEPCIÓN trae a luz un fascinante hecho bíblico o histórico para ayudarte a crecer en tu conocimiento bíblico general.

Libros que cambian vidas

EDITORIAL UNILIT

¿Me dejará algún día el Señor?

¿El Señor permitará que cosas malas me sucedan?

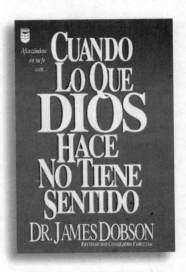

**CUANDO LO QUE DIOS HACE
NO TIENE SENTIDO**
"When God Doesn't Make Sense",
Este libro está dirigido a aquellos que se preguntan:
¿Por qué Dios permite que esto me suceda a mí?
• 498561 (Rustica) • 498571 (Tela)

Libros que cambian vidas

¡Otro libro de éxito para ayudarle a evangelizar!

Jesús... ¿Señor, mentiroso, o lunático?

MÁS QUE UN CARPINTERO
"More Than A Carpenter",
El autor nos presenta la persona que transformó su vida: Jesucristo. Es un libro de argumentos convincentes para los escépticos en cuanto a la deidad de Jesús, su resurrección y sus reclamos como Señor en las vidas de ellos.

· 497678

Libros que cambian vidas

EDITORIAL
UNILIT

Otras selecciones de:
LUIS PALAU

A SU MANERA *"Schemer and the Dreamer"*, Luis Palau *(Estudios bíblicos)* Dios se reveló a Jacob y a José cuando ambos eran jóvenes. Ambos tuvieron grandes oportunidades en la vida. Uno de ellos decidió triunfar confiando en la dirección divina; el otro prefirió hacerlo todo a su manera. Ambos triunfaron pero ¿a qué precio? Este libro le ayudará a evaluar el pasado, reconsiderar el presente y avanzar hacia el futuro con la mirada en el Señor y haciéndolo todo a Su manera, que es la mejor.

• 498022 •ISBN 0-8423-6483-8

EL CLÍMAX DE LA HISTORIA *"The Climax of History"*, Luis Palau *(Escatología)* Señales apocalípticas del regreso de Cristo. Veintiséis señales de este evento, las que se están cumpliendo simultáneamente en un punto de la historia en nuestro tiempo, y nos lleva a pensar que es muy probable que estemos en la última generación.

• 498020 •ISBN 0-84436476-5

¿CON QUIÉN ME CASARÉ? *"Whom Shall I Marry?"*, Luis Palau *(Jóvenes)* El autor traza, Biblia en mano, los planes de Dios para el hombre y la mujer con respecto al matrimonio. Este libro señala los principios morales y espirituales para escoger el compañero para toda la vida.

• 498017 •ISBN 0-8423-6451-X

Libros que cambian vidas

EDITORIAL UNILIT

DE LA MANO DE JESÚS *"So You Want to Grow"*, Luis Palau *(Vida cristiana)* Una serie de 52 pasos divididos en 4 secciones que abarcan: Pasos de la mano de Jesús en amistad, dependencia, obediencia y victoria. Luis Palau, en su estilo claro y ameno, va llevando al lector a través de situaciones, indicando cómo el cristiano puede enfrentarlas en su vida de crecimiento en los caminos del Señor.

• 498024 •ISBN 1-56063-006-X

MI RESPUESTA *"My Response"*, Luis Palau *(Consejería)* El autor responde con claridad a preguntas sobre: el matrimonio, divorcio, trabajo, relaciones entre padres e hijos, enfermedad, vicios, suicidio, citas amorosas, reglas morales y muchos temas más. Esta gama de preguntas será útil para pastores consejeros y todo interesado en realizar una labor de consejero dentro de su congregación o fuera de ella.

• 498018 •ISBN 0-8423-6485-4

PREDICACIÓN MANOS A LA OBRA *"Preaching: Hands At Work"*, Luis Palau *(Evangelismo)* Vivimos en un momento con oportunidades sin precedentes en la proclamación del mensaje de Dios. Tenemos libertad y más tecnología disponible que cualquier otra generación. En varios países los cristianos están teniendo una influencia creciente en el gobierno y la sociedad en general. En este libro el autor nos muestra la dinámica de la predicación.

• 498629 •ISBN 0-7899-0106-4

SEXO Y JUVENTUD *"Sex and Youth"*, Luis Palau *(Consejería)* Nueva versión propia para adultos jóvenes. Un tema actual enfocado sin hipocresías ni medios tonos, sobre la problemática del sexo. ¿Qué dice Dios sobre el sexo? ¿Qué dice la gente? ¿Para que creó Dios el sexo? ¿Cuáles son las consecuencias físicas, psíquicas y espirituales de la inmoralidad? Hallarás respuestas a toda esa gama de preguntas sin contestar sobre este interesante tema.

• 498019 •ISBN 0-8423-6522-2